의궤는 어떻게 만들었을까

일러두기
- 이 그림책은 2011년 7월, 외규장각 도서 반환 기념 전시에 맞추어 시작됩니다. 우리 문화재가 외국에서 돌아왔을 때를 상상하며 읽어 보세요.
- 가례 준비와 친영 행사는 숙종 임금님을 주인공으로 하되, 화려함이나 재미를 위해서 『영조정순왕후가례도감의궤』를 참고해서 그렸어요.

조선 왕조가 남긴 아주 특별한 기록
의궤는 어떻게 만들었을까

글쓴이 김향금 · 그린이 최정인

살림어린이

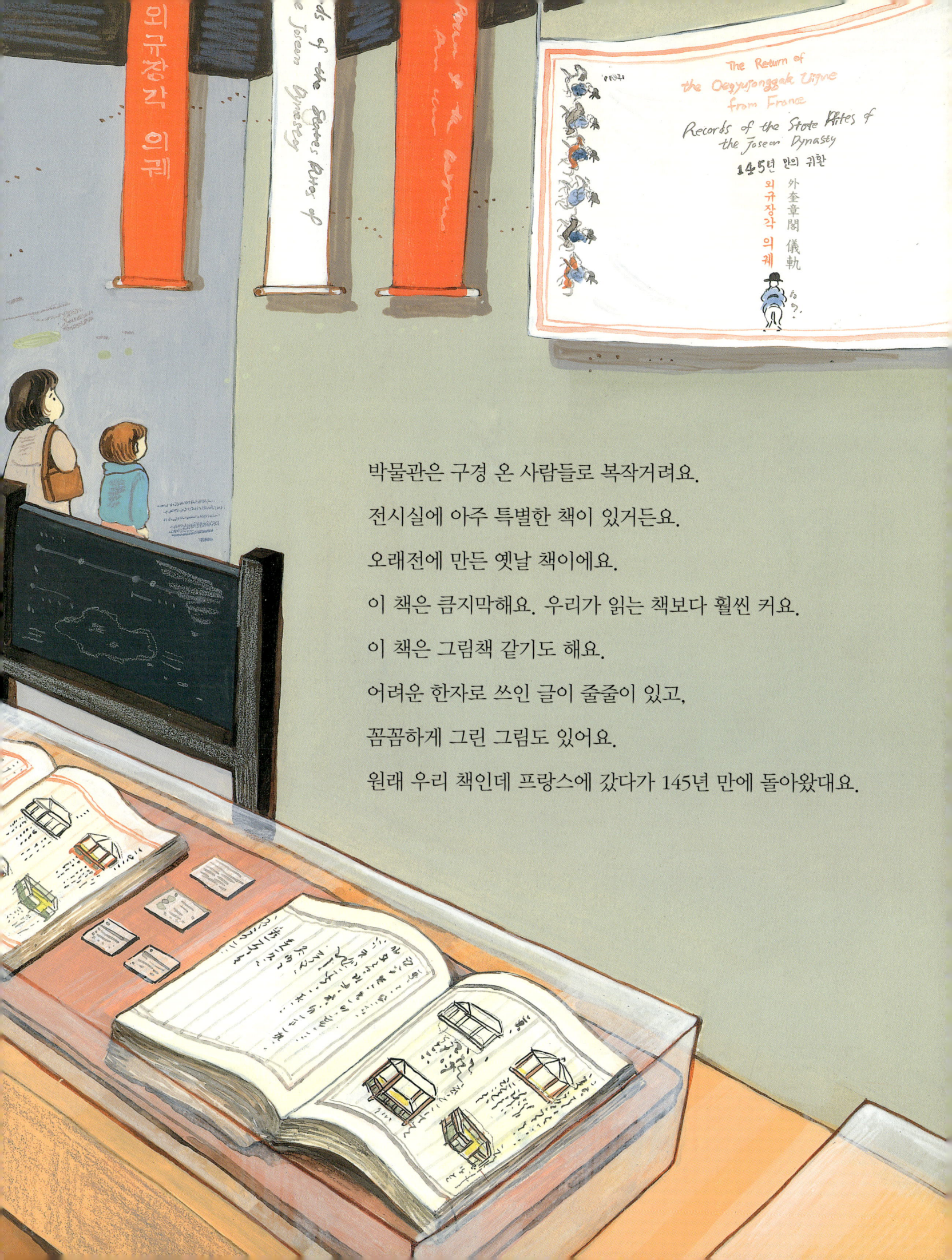

박물관은 구경 온 사람들로 복작거려요.
전시실에 아주 특별한 책이 있거든요.
오래전에 만든 옛날 책이에요.
이 책은 큼지막해요. 우리가 읽는 책보다 훨씬 커요.
이 책은 그림책 같기도 해요.
어려운 한자로 쓰인 글이 줄줄이 있고,
꼼꼼하게 그린 그림도 있어요.
원래 우리 책인데 프랑스에 갔다가 145년 만에 돌아왔대요.

임금님이 보는 의궤

憲宗大王景陵山陵都監儀軌 上

이 책은 멋져요.
겉표지를 초록색 비단으로 둘러 화려해요.
국화 모양의 못으로 아기자기 꾸몄어요.
가운데 놋쇠 고리가 앙증맞아요.
책을 펼치면 붉은 선으로 테두리를 둘렀어요.
임금님을 위한 책이라서 붉은색을 쓴 거예요.
세상에 딱 한 권뿐인 책이라죠.

의궤는 무엇에 쓰는 책일까요?

왕자 아기씨가 태어났을 때의 일이에요.

의녀들이 태*를 깨끗이 씻어 항아리에 담았어요.

이 항아리를 묻을 태실*을 만들어야 했지요.

왕실의 까다로운 규칙에 따라야 하는데 어떻게 그걸 다 기억하겠어요?

"의궤를 들춰 봅시다!"

"태실은 이렇게 만들면 되겠어요."

"돌난간에 새길 무늬도 그대로 합시다."

예전에 왕자님의 태실을 세운 내용이 기록된 의궤를 보면서 태실을 잘 만들었어요.

*태 : 엄마 배 속에서 아기와 엄마를 연결해 주는 탯줄과 태반.
*태실 : 태를 담은 항아리를 보관하는 곳.

왕실에서 치르는 행사에 따라,
이런저런 의궤들이 만들어졌어요.
의궤만 쭉 펼쳐 놓아도
왕자님이 나고, 자라서 왕세자가 되고,
혼례를 올리고, 왕의 자리에 오르고, 죽어서 땅에 묻히고,
제사를 받는 걸 알 수 있어요.
의궤 속 그림을 보면 임금님의 한평생을 생생하게 엿볼 수 있답니다.

왕의 활쏘기

나라의 크고 작은 행사를 담은 의궤도 있어요.
임금님과 신하들의 활쏘기 대회를 기록한 의궤를 볼까요?
임금님이 먼저 활쏘기 시범을 보였어요.
이제 신하들 차례! 신하들은 두 명씩 짝을 지어
한 명당 네 발씩 쏘았어요. 한 사람씩 화살을 쏠 때마다
심판이 과녁 옆에서 깃발을 들어 결과를 알렸지요.
활쏘기를 모두 마치면 시상식이 열렸어요.
활을 잘 쏜 사람에게는 상을, 그렇지 못한 사람에게는 벌을 주었어요.
벌은 꿀꺽꿀꺽 술 마시기!
얼마나 시시콜콜히 행사를 적어 두었는지
의궤를 보면 바로 앞에서 활쏘기 대회를 구경하는 것 같아요.

신하들의 활쏘기

신하들의 과녁

시상식

정조 임금님 때 수원화성을 쌓은 과정이 담긴 의궤도 볼까요?
수원화성을 누가 언제 어떻게 쌓았는지,
무슨 건물이 어떻게 생겼는지,
공사에 참여한 장인은 누구인지,
전체 공사에 들어간 비용은 얼마인지 적었어요.
장인이 한나절 일하고 받은 품삯까지
자세히 적어 놓았어요.
성을 쌓을 때 쓴 도구도 오밀조밀 그려 놓았고요.
이 의궤가 없었다면, 수원화성의 무너진 곳을
옛날 모습 고대로 지을 수 없었을 거예요.
이 의궤 덕분에, 수원화성이
유네스코 세계문화유산에 당당히 오를 수 있었지요.

의궤는 행사를 준비하면서부터 만들어졌어요.

기록을 맡은 관리가 모든 일을 날짜별로 적어 두었지요.

숙종 임금님의 혼인 의궤를 통해 의궤가 만들어지는 과정을 볼까요?

첫 왕비가 천연두에 걸려 죽고 난 뒤,

왕실 어른인 대비마마랑 왕대비마마가 새 왕비 찾기에 나섰어요.

두 분은 왕방울 눈을 하고는, 세 번에 걸친 엄격한 심사 끝에

열다섯 살 민씨 아가씨를 왕빗감으로 뽑았어요.

민씨 아가씨는 별궁인 어의궁에서 궁중 예법을 익혔지요.

이번에는 신하들이 팔을 걷어붙이고 나섰어요.

임금님이 혼인하는 건 나라의 큰 경사니까요.

'우리 임금님 새 장가 보내기' 준비 위원회인 가례도감이 설치되었어요.

영의정 대감이 총지휘를 하고,

예식은 예조판서, 돈은 호조판서, 물건은 공조판서가 나눠 맡았어요.

"임금님의 위엄을 세우려면 행사를 호화롭게 치러야 합니다."

"사치를 줄여야 백성들이 본받지요."

신하들이 갑론을박 토론을 벌였어요.

행사 준비가 시작되자, 장인들이 궁궐로 쏙쏙 모였어요.

온갖 솜씨를 뽐내는 장인들이 옷이랑 가마와 깃발이랑 그릇을 만들었어요.

와, 모양도 빛깔도 진짜 예뻐요!

궁중 화원들은 온갖 그림 그리는 일을 맡았어요.

모란 병풍, 십장생 병풍, 형형색색의 병풍,

행사장에 두를 여러 병풍에다 그림을 그렸어요.

왕비님 가마에 꽃 장식도 그렸지요.

옻칠한 그릇이랑 궤짝에 금물을 들여서 화려한 무늬를 새겨 넣었어요.

화원들은 반차도도 그렸어요.

반차도는 행렬을 그린 그림이에요.

임금님의 혼례에서는 신부를 궁궐로 데리고 오는 행렬을 그렸지요.

화원들이 요기조기 흩어져서는 아주아주 길고 큼지막한 종이 위에,

빛깔 고운 천연 물감을 붓에 듬뿍 묻혀 신부가 탄 붉은 가마를 쓱싹쓱싹 그렸어요.

전체 행렬은 위에서 내려다본 모습으로,

검은 너울을 뒤집어쓴 궁중 나인들 모습은

왼쪽에서 본 모습이랑 오른쪽에서 본 모습을 제각각으로,

그 뒤를 따르는 나인들은 모두 뒷모습으로. 요렇게 따로따로 그리니 입체적으로 보여요.

반차도는 행사 전에 그려서 임금님께 허락을 받았어요.

"쯧쯧, 신부를 보살필 의녀가 빠지지 않았느냐?"

임금님이 날카로운 관찰력으로

관리들의 옷 모양이며 색깔까지 꼬치꼬치 따졌어요.

임금님이 지적한 내용을 고친 다음에,

반차도를 보며 여러 번 행진 연습을 했지요.

수많은 사람들이 각자 나눈 일에 따라서 차례대로 죽 늘어서요.

실제 행사에서 작은 실수라도 하면 안 되니까요.

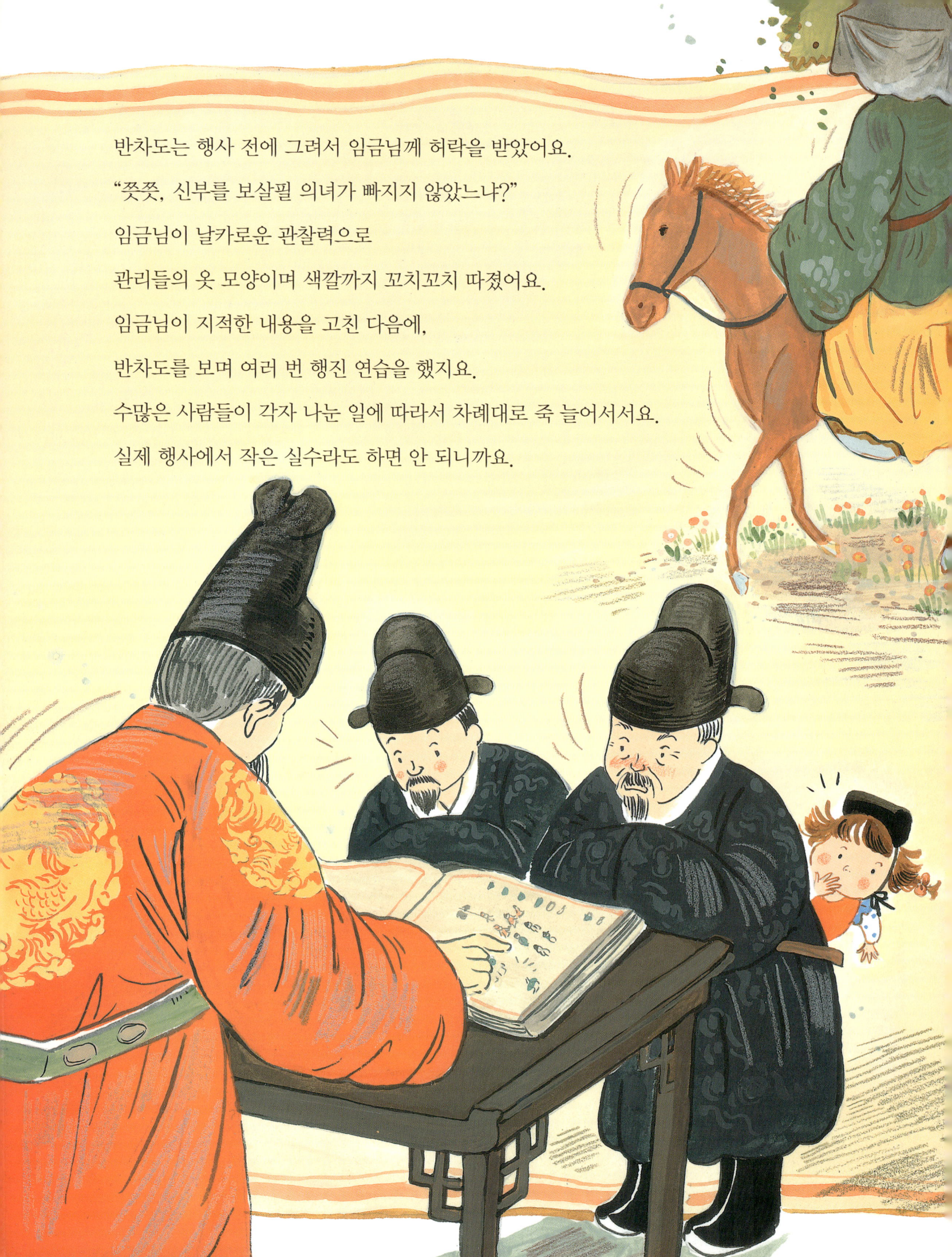

드디어 임금님 장가가는 날.
임금님이 별궁에 있는 신부를 맞이하러 가는 길이에요.

이런 의궤들은 두고두고 보기 위해 특별한 곳에 보관했어요.
임금님을 위한 책은 창덕궁에 있는 왕실 도서관인 규장각에 두었어요.
보관용 책들은 서울과 지방 곳곳의 역사 기록 보관소와
의궤가 필요한 관청으로 보냈어요.
그러다가 정조 임금님이 강화도에 외규장각을 세웠어요.
강화도가 육지에서 떨어져 있어, 이곳에 책을 보관하면 전쟁이나 외적의
침입에도 안전하다고 생각했기 때문이에요.
외규장각은 왕실의 귀한 책들을 따로 보관하는 보물 창고인 셈이었지요.
임금님을 위한 의궤도 당연히 외규장각으로 옮겨 놓았어요.

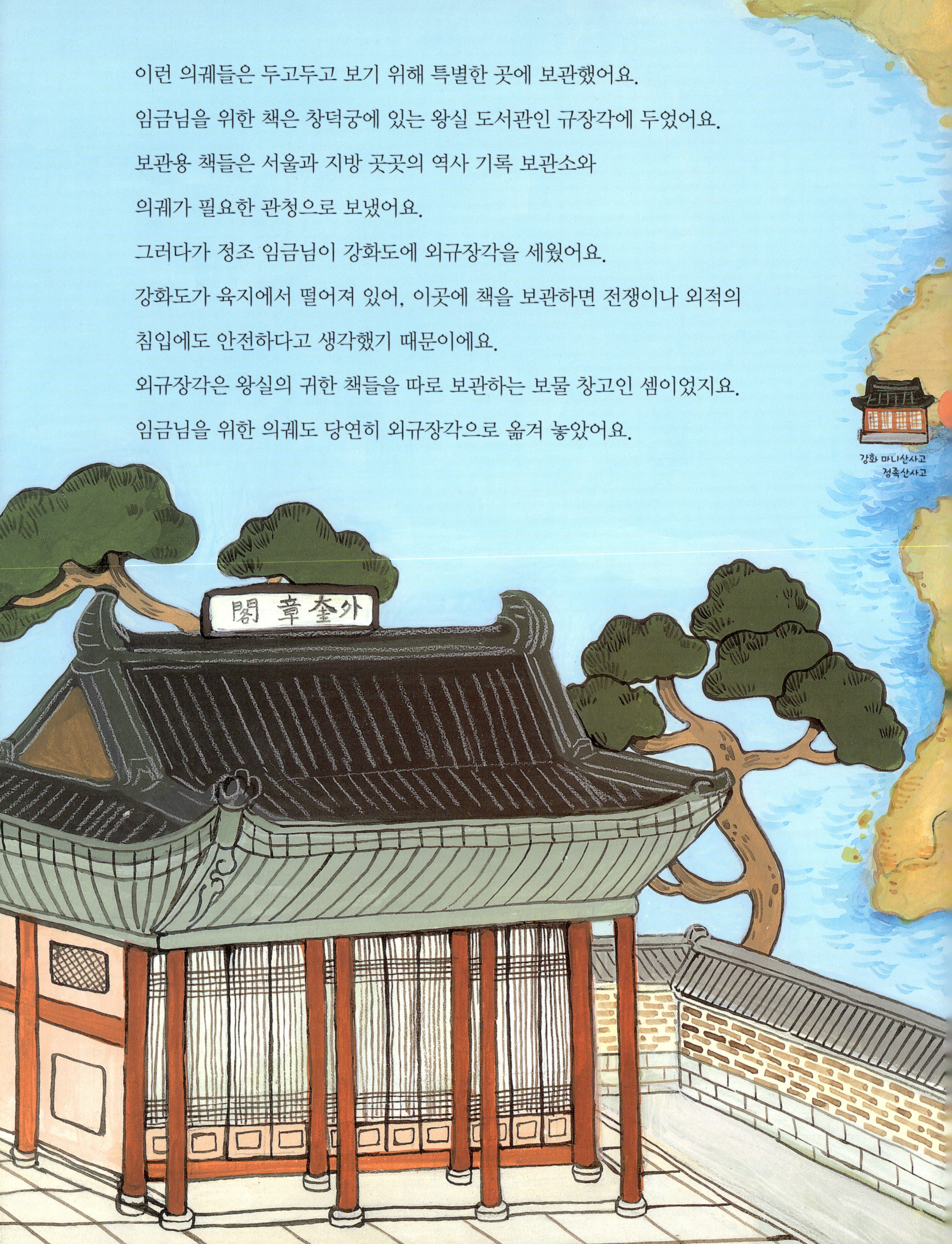

강화 마니산사고
정족산사고

후유, 하지만 가슴 아프고 복잡한 사건이 벌어졌어요.
고종 임금님 시절에 로즈 제독이 이끄는
프랑스 함대가 강화도에 쳐들어온 거예요.
'병인양요'라고 하는 바로 그 사건이에요.
프랑스 함대는 조선 정부가
자기 나라의 선교사를 괴롭혔다며 꼬투리를 잡았어요.
그러고는 어마어마한 양의 은 덩어리와 온갖 보물, 귀한 책을 훔쳐 갔지요.
강화성 곳곳에 불도 질렀어요.
그 난리에 외규장각 건물이 불타 버렸어요.

오랫동안 외규장각에 보관되어 있던 의궤도
모조리 불타 없어진 걸로 알려졌어요.
이런 의궤가 세상에 나온 건, 한 학자의 평생에 걸친 노력 덕분이에요.
1955년에 박병선 박사님은 프랑스로 역사 공부를 하러 떠났어요.
박사 공부를 마치고 프랑스 국립 도서관에서 일하게 됐지요.
그러던 어느 날, 프랑스 국립 도서관에 옛날 책을 모아 둔 창고가 있는데
그곳에 동양 책들이 많다는 이야기를 들었어요.
박사님은 책 창고로 달려갔어요.

어두컴컴한 창고 안, 먼지가 잔뜩 내려앉은
옛날 책들 사이에 초록 비단 책이 놓여 있었어요.
임금님을 위한 의궤가 세상 밖으로 나오는 순간이었지요.
우리 책을 훔쳐간 것인데도 프랑스 쪽은 온갖 트집을 잡으며 돌려주지 않았어요.
박사님이 이런 사실을 널리 알리자 국민들 사이에서
외규장각 의궤를 돌려받자는 운동이 불길처럼 번졌어요.
이런 노력이 합해져 외규장각 의궤가 지구 반 바퀴 너머에서 돌아왔어요.
강화도에서 사라진 지 145년 만이었어요.

우리는 박물관에 있어요.
조선 왕조의 아주 특별한 기록인 의궤를 보고 있어요.
머나먼 프랑스 땅으로 갔다가,
우리 것을 사랑한 한 학자가 평생에 걸쳐 노력한 덕분에
우리 곁으로 돌아온 책이에요.
조선 왕조의 행사를 꼼꼼히 기록한 의궤가 있어서
우리 조상들의 모습이 오늘날까지
생생하게 전해져 내려오고 있답니다.

나라의 큰 행사를 준비하고 의궤를 만들어요

행사를 준비하고, 치르고, 정리하기까지 수많은 사람과 그들의 정성 어린 노력이 필요해요.
조선 시대에도 마찬가지였지요. 그럼 이제부터 의궤 제작 과정을 살펴볼까요?

◉ 도감을 설치해요

'도감'은 행사를 치르기 위해 설치하는 임시 기구였어요. 행사에 따라 이름이 달랐지요. 사신을 맞을 때는 영접도감, 왕실 혼례를 치를 때는 가례도감인 식이었지요. 총 책임자부터 감독관, 실제로 문서를 쓰는 사람, 계산을 하고 기록하는 사람, 창고를 지키거나 정리하는 사람 등 많은 이들이 각자의 일을 맡았어요.

◉ 물품을 준비해요

왕실과 나라의 행사에는 장식품, 탈것, 그릇 등 어느 것 할 것 없이 모두 최고의 물건이 쓰였어요. 당연히 솜씨가 빼어난 사람들이 필요했겠죠?

의궤에는 이런 장인들의 이름까지 빠뜨리지 않고 적었어요. 물품이나 성곽 등이 잘못 되었을 때 그 부분을 담당한 사람을 찾아 바로잡기 위해서였지요. 또한 장인들 스스로가 나라와 왕실의 중요한 일에 참여한다는 생각을 갖도록 하기 위해서였대요.

◉ 행사의 시작부터 끝까지, 글과 그림으로 기록하고 정리해요

의궤를 보면 준비 과정에 누가 있었고 의식은 어떻게 치렀는지, 얼마나 많은 물자가 필요했는지 꼼꼼히 글로 적어 두었어요. 물건은 이름뿐

아니라 크기, 빛깔, 재료와 그 양도 알 수 있을 정도예요.

화원은 왕의 얼굴이나 지도, 나랏일을 그리던 화가들이에요. 의궤를 만들 때에는 그림을 더욱 자세하고 정확하게 그려야 했어요. 정조 임금 이후에 만들어진 의궤에는 건물이나 기계의 설계도, 물품, 무희들의 춤 등을 그린 그림이 여럿 있어요.

● 임금님을 위한 의궤와 보관용 의궤

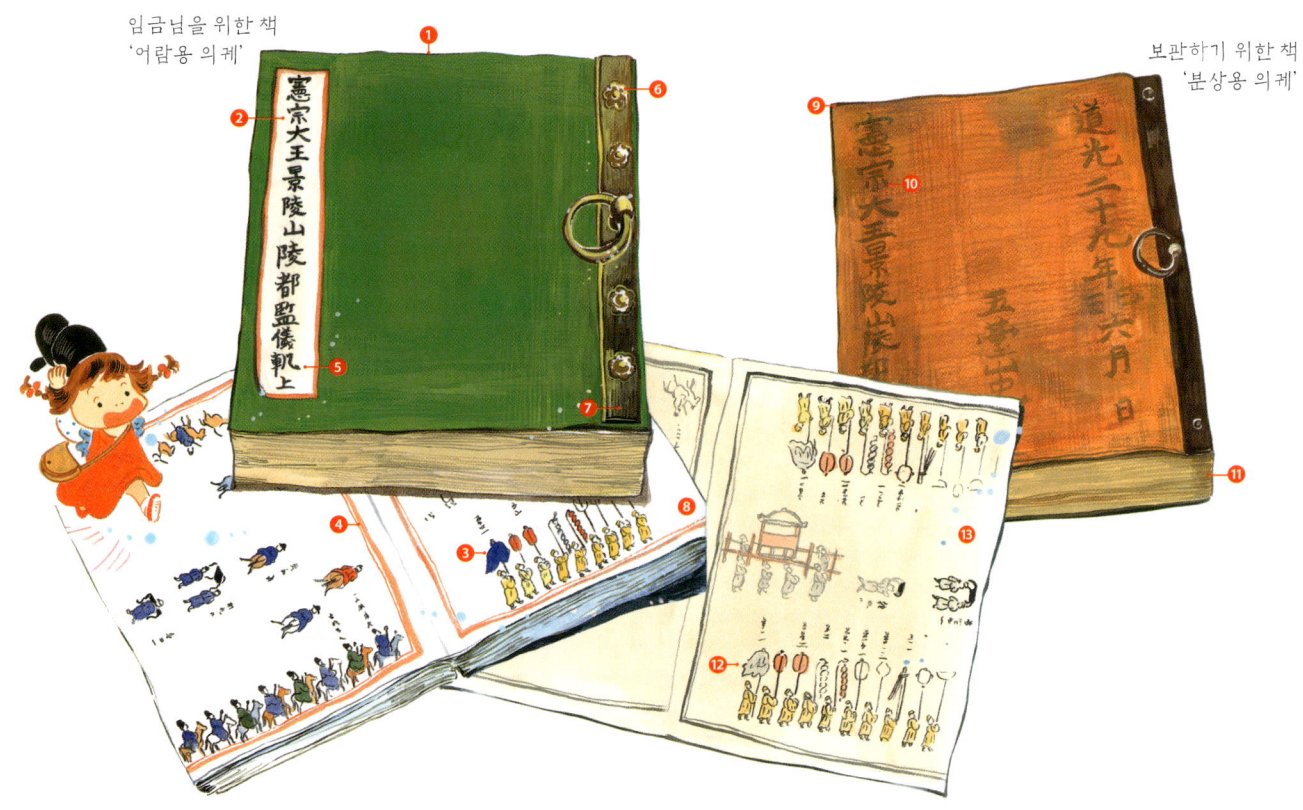

임금님을 위한 책 '어람용 의궤'

보관하기 위한 책 '분상용 의궤'

① 비단으로 겉을 두르고
② 제목은 흰 비단 위에
③ 반차도는 모두 붓으로 직접 그린 그림
④ 가장자리는 붉은 선
⑤ 바르고 또박또박 쓴 글씨로
⑥ 국화 모양의 장식 못
⑦ 놋쇠 물림
⑧ 질 좋고 흰빛을 띤 고급스러운 종이
⑨ 삼베로 겉을 두르고
⑩ 글자체가 여러 사람이 나누어 쓴 듯 고르지 못하고
⑪ 실로 꿰맨 '선장'
⑫ 대부분의 인물과 말들을 판화로 찍고 붓으로 약간 선만 더한 그림
⑬ 닥나무로 만든 종이

의궤 속에 담긴 행사를 살펴보아요

이전 임금님들, 토지의 신과 곡물의 신에게 올린 제사, 왕비님이 직접 누에를 쳐서 농사의 모범을 보인 일, 궁궐이나 성곽을 짓던 일도 의궤에 담겼지요. 또한 왕실과 관청에서 사용할 도장이나 악기, 실록, 임금님의 초상화 만들기도 의궤로 남겼어요. 물론 의궤는 임금님이 태어나 자라나고 죽기까지를 다룬 것이 가장 많아요.

◉ 임금님이 왕비를 맞이하러 가는 '친영'

임금님이 혼례를 위해 왕비를 모셔 오는 일을 '친영'이라고 했어요. 왕은 긴 행렬을 거느린 채 별궁으로 갔어요. 왕빗감을 뽑을 때 후보를 추리고 추려 세 번에 걸쳐 뽑았잖아요? 그렇게 예비 왕비를 뽑고 나면, 별궁에 모시고 왕실의 법도를 배우도록 했기 때문이에요. 친영 행렬은 임금님을 지키는 무예별감, 군대인 선상, 전사대, 후상, 후사대, 상궁과 환관, 관료들과 악대 등 여러 사람이 곳곳에서 임무를 맡았어요. 평생에 한 번 볼 수 있을까 말까 한 행렬이고 '나라의 어머니'를 맞는 행사기에, 백성들의 관심도 뜨거웠겠지요?

아참, 반차도에 임금님의 모습은 그리지 않았어요.

◉ 왕과 신하들의 활쏘기 '어사례'와 '시사례'

임금님의 활쏘기인 어사례와 신하들의 활쏘기인 시사례도 의궤에 담겼어요. 활쏘기 대회에서 임금님의 활인 어궁과 화살인 어시가 바쳐지면, 임금님은 붉은 바탕색 안에 곰의 머리가 그려진 과녁을 겨누었지요. 신하들의 과녁은 푸른 바탕색 안에 사슴 머리를 그렸어요.

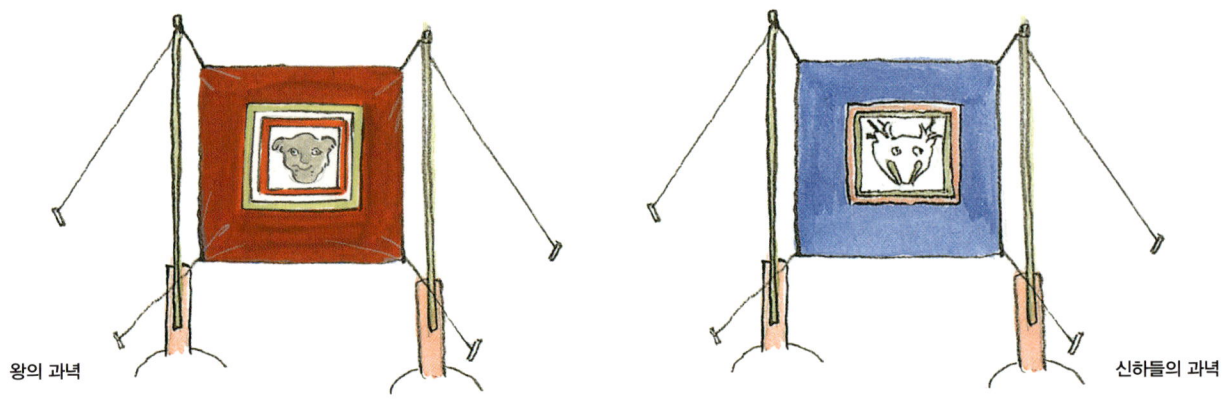

왕의 과녁   신하들의 과녁

◉ 임금님과 왕비의 장례인 '국장'

세자와 세자빈의 장례는 '예장'이라고 하고, 임금님과 왕비의 장례는 '국장'이라고 했어요. 장례 행렬에도 악대가 있었지만, 악기를 연주하지 않았어요. 음악은 '대사'라는 제사를 지낼 때만 연주할 수 있었지요. '방상시'는 장례 때 쓰인 탈로, 악귀와 잡귀를 물리치는 역할을 했어요. 방상시를 쓴 사람은 행렬에서 수레에 탔어요. 묘에 도착하면 안에 들어가서 네 귀퉁이를 치며 귀신을 쫓았지요. 장례가 끝나면 탈을 태우거나 묻었어요. 나라의 장례에 쓰인 방상시의 재료는 나무와 종이였대요. 장례를 치른 뒤 시신은 '빈전'이라는 곳에 모셨다가 무덤을 만들어 옮겼어요.

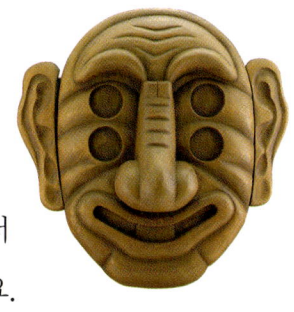

방상시 (출처 | 하회동탈박물관)

◉ 행사를 치른 후 화첩과 병풍을 그리기도 했어요

의궤도는 적힌 것을 토대로 행사의 한 과정을 표현한 그림이에요. 그림은 나라에서 보관하기 위해 그려지기도 했지만, 관료들이 소장하기 위해 만들어진 것도 있어요. 특히, 행사를 치른 뒤에 병풍이나 화첩으로 행사의 중요한 장면을 많이 남겼어요. 『화성성역의궤도』는 정조 임금님이 화성에 다녀오는 행차와 그곳에서 어머니의 생신을 축하드리기 위해 연 잔치를 그린 화첩이에요. 이 행사의 다른 장면은 「정조대왕능행도(화성능행도)」라는 여덟 폭짜리 병풍으로도 그려졌어요.

『화성성역의궤도』 중 (출처 | 국립중앙박물관)

의궤를 찾는 노력, 보존하는 노력

사라져 버린 문화재를 찾고, 부단히 연구하는 사람들이 없다면 우리 조상들의 지혜와 삶을 알 수 없을 거예요.
의궤도 그렇지요. 의궤를 위해 평생을 바친 학자와 그 뜻을 이어 받은 사람들을 만나 볼까요?

● 박병선 박사님 (1928~2011년)

서울에서 태어나 대학에서 선생님이 되기 위해 공부하셨어요. 1955년에는 우리나라 여성 중 처음으로 프랑스로 유학을 떠나셨대요. 대학원을 마친 뒤 프랑스 국립 도서관에서 일하셨고요.

박병선 박사님은 한국을 떠날 때 스승께서 하신 당부를 잊지 않으셨어요. 그래서 병인양요 때 사라진 도서를 10년 넘게 찾고 또 찾으셨대요.

그러다가 1967년에 『직지심체요절』을 발견하셨어요. '직지'라고 부르는 바로 그 책이에요. 박사님은 책에 찍힌 '주조'라는 글자를 보시고, 이 책이 1377년에 금속 활자로 찍어낸 『직지심체요절』이라고 확신하셨대요. 금속 활자와 나무 활자로 찍은 책의 차이를 분명히 알아보기 위해 실험을 거듭하신 끝에, 『직지심체요절』이 금속 활자로 만들어진 가장 오래된 책이라는 것을 세계에서 인정받을 수 있었어요.

1975년에는 외규장각에서 프랑스 군대가 약탈해 간 의궤들을 찾아내셨지요. 박사님은 조선 왕조의 의궤들이 프랑스에 있다는 사실을 세상에 알리셨어요. 그러자 파리 국립 도서관에서는 박사님을 해고해 버렸대요. 하지만 박사님은 의궤가 한국에 돌아올 수 있도록 애쓰시면서 의궤 연구를 계속하셨고, 의궤의 차례와 내용을 정리해 내셨어요. 이곳에 보관된 의궤의 대부분은 임금님을 위해 펴낸 어람용 의궤였어요. 세상에 딱 한 권씩밖에 없는 책이니 아주 귀한 유물이었죠. 박사님과 여러 사람들의 노력 덕분에, 이 의궤들은 처음 발견된 지 33년 만인 2011년에 그중 297권이 한국에 올 수 있었어요.

박병선 박사님은 외규장각 의궤가 돌아오고 반 년 뒤에 세상을 뜨셨어요. 외규장각 의궤를 돌려받지 못하고 빌려오는 형식이 된 것을 못내 안타까워 하셨답니다.

◉ 박물관 큐레이터

큐레이터는 박물관에서 어떤 주제로 문화재를 전시할지 논의하여 준비해요. 외규장각의 의궤가 반환되었을 때는 의궤를 소개하는 내용으로 전시를 구성했어요. 의궤가 어떤 책이고 무엇을 담고 있는지를 다뤘죠. 또한 큐레이터는 전시 동안 일어날 수 있는 유물 훼손에 대비하고, 프로그램을 진행하는 일도 해요. 이런 일들을 해내려면 큐레이터는 세계 곳곳의 연구 자료를 공부해야 해요. 또한 사람들의 관심거리를 충분히 살펴서 지금 우리에게 유물이 줄 수 있는 의미를 찾지요. 유물의 정보와 그에 담긴 의미를 우리에게 더 생생하게 전달할 수 있는 방법도 고민한대요.

◉ 박물관 보존 과학팀, 연구원

보존 과학팀은 손상된 문화재를 본래 모습으로 되돌리는 일을 하지요. 책이 더 낡거나 훼손되지 않게 약품을 바르기도 하고, 귀중한 유물을 보관하는 수장고에 넣어 두기도 해요.

연구원들은 조심조심 책을 들추고, 내용을 꼼꼼하게 알아보고 연구해요.

이 책에서 참고한 의궤, 의궤도병

- **태 봉안**　　　　『정종대왕태실석난간조배의궤』 1801년(순조 1년), 규장각
- **왕실 장례**　　　『정조국장도감의궤』 1800년(순조 즉위), 규장각
- **보인**　　　　　　『보인소의궤』 1876년(고종 13년), 규장각
- **왕의 활쏘기**　　『대사례의궤』 1743년(영조 19년), 규장각
- **수원 화성 쌓기**　『화성성역의궤』 1801년(순조 1년), 규장각
- **왕실 혼례**　　　『영조정순왕후가례도감의궤』 1759년(영조 35년), 규장각
  　　　　　　　　　「헌종가례진하도」 1844년(헌종 10년), 경기도 박물관
- **의궤의 형태**　　『헌종경릉산릉도감의궤』 1849년(철종 즉위), 규장각
  　　　　　　　　　『장렬왕후존숭도감의궤』 1686년(숙종 12년), 규장각

의궤를 볼 수 있는 곳

- **외규장각 의궤**　　　　http://uigwe.museum.go.kr
- **규장각한국학연구원 의궤 종합정보**　　http://kyujanggak.snu.ac.kr
- **왕실도서관 장서각 디지털 아카이브**　http://yoksa.aks.ac.kr
- **한국학 자료 포털**　　http://www.kostma.net

글쓴이 김향금

어린이와 청소년을 위한 논픽션 작가예요. 서울대학교에서 지리학과 국문학을 공부한 뒤 같은 학교 대학원에서 고전문학을 공부했어요. 그동안 논픽션 그림책과 역사, 지리 교양서를 쓰거나 기획했어요. 앞으로는 세계 문화를 주제별로, 사람들의 삶을 중심으로 소개하는 책에 주력할 계획이에요. 만든 책으로는 '한국생활사박물관', '한국사탐험대' 시리즈가 있지요. 직접 쓴 책으로는 청소년 역사서 『조선에서 보낸 하루』, 어린이를 위한 그림책과 교양서 『세계사를 바꾼 향신료의 왕 후추』 『달빛도시 동물들의 권리 투쟁기』 『세상을 담은 그림 지도』 『시간을 재는 눈금 시계』 『아무도 모를 거야 내가 누군지』 등 여러 작품이 있어요.

그린이 최정인

홍익대학교에서 판화를 전공한 뒤, 지금은 어린이 책의 그림 작가로 활동하고 있어요. 어린 시절부터 그림 그리기를 좋아했지요. 동화 속 개구쟁이들의 익살스러운 모습을 잘 그려요. 다양한 표현력과 감성 넘치는 그림으로 어린이들에게 사랑받고 있답니다. 지금까지 『태란이의 피아노』 『바리공주』 『그림 도둑 준모』 『울어도 괜찮아』 『갑자기 생긴 동생』 『아디닭스 치킨집』 등에 그림을 그렸어요.

조선 왕조가 남긴 아주 특별한 기록
의궤는 어떻게 만들었을까

펴낸날	초판 1쇄 2016년 11월 3일
	초판 4쇄 2017년 11월 21일

지은이	김향금
그린이	최정인
펴낸이	심만수
펴낸곳	(주)살림출판사
출판등록	1989년 11월 1일 제9-210호

주소	경기도 파주시 광인사길 30
전화	031-955-1350 팩스 031-624-1356
홈페이지	http://www.sallimbooks.com
이메일	book@sallimbooks.com

ISBN	978-89-522-3515-2 77810

살림어린이는 (주)살림출판사의 어린이 브랜드입니다.

※ 값은 뒤표지에 있습니다.
※ 잘못 만들어진 책은 구입하신 서점에서 바꾸어 드립니다.

이 도서의 국립중앙도서관 출판시도서목록(CIP)은 서지정보유통지원시스템 홈페이지(http://seoji.nl.go.kr)와 국가자료공동목록시스템(http://www.nl.go.kr/kolisnet)에서 이용하실 수 있습니다.(CIP제어번호: CIP2016024875)

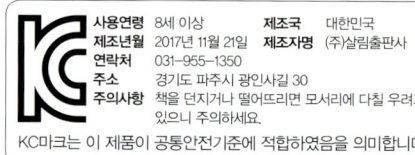